BARRIO BULLICIOSO

René de la Barra Saralegui

A María Edith, mi esposa; a René y María Luisa, mis padres; a René, Víctor, Felipe y Catalina, mis hijos; y a mi tío, Luis de la Barra, por haber creído en mí

Índice

PRÓLOGO

Cuando conocí a René de la Barra, un mágico nexo común nos unió enseguida: el amor por las letras y la literatura saboreada como un néctar que se derrite en la fantasía y en los tiernos entendimientos. Escribir no es tarea fácil, ni empresa soluble a la pereza, pues el trabajo diario obliga y fuerza a las letras a encontrar su virtud. Y este escritor y médico chileno —jamás le he preguntado el orden natural de su vocación—, le da a la pluma con el esfuerzo del arriero que se hace camino en el mundo del expresar por escrito, labrando en el papel desnudo, que es espacio donde brotan sus palabras como flor en la roca. Escribir es oficio de pacientes y de tomarse la vida con el más oportuno y relajado hedonismo.

En esta entrega de breves cuentos, René de la Barra nos muestra su parte más humana y sensible. Pulidos los cantos de la palabra que suelen embellecer sus textos haciéndolos más próximos al lector siempre exigente. Como el alquimista, René nos distancia de la vulgaridad y nos lleva con la imaginación al último rincón que nos distancia del alma, que irradia pasiones del ser humano que sufre, pero que también goza, haciendo sentir al lector la comodidad de su desenlace hasta llegar al final. René de la Barra: escritor de la sombra, es hombre comprometido y encomendado con las causas sociales, defensor de las libertades y hasta de las utopías más arcanas. Y todo esto, atado y bien atado, le convierte en un hombre de confianza. De esos que da gusto tener al lado para tomar un café en la diáfana terraza, que es espacio donde se acortan las distancias, donde aprendes en cada palabra que pronuncia y que te hace cavilar con la virtud del raciocinio.

Los textos de *Barrio bullicioso* son una serie de relatos breves en forma de nueve cuentos, de cómoda lectura y servidos al punto del lector más sensible y perceptivo. La atmósfera que rodea a estos cuentos nos desplaza suavemente al hombre contemporáneo que sufre y que padece. *Barrio bullicioso* nos adentra en una atmósfera tan opaca como afilada, donde tienen cabida desde la sonrisa al horror, de la amargura a la pasión, y de la angustia a la muerte. Y todas estas dicotomías se reflejan en el espejo donde nos podemos ver reflejados en algún instante de nuestras vidas.

La palabra labrada y trabajada se percibe en esta obra, donde el autor se muestra desnudo de alma para afuera, con letras biseladas y palabras que dejan estela al pasar por la mirada. Que ahondan en la imaginación y arrancan sonrisas, olor y vida. Cuentos que prenden y que cautivan. A mí, René de la Barra me recuerda un poco al gran Antón Chéjov, habilidoso contador de cuentos y dramaturgo ruso, maestro del relato corto y médico como él. En esto de los parecidos suele estar la gracia y la agudeza, que no suelen mostrarse por casualidad.

Yo ya he leído sus cuentos y muchos de sus artículos y reflexiones, y siempre me alcanzan la sorpresa y la fascinación mientras me arranca una sincera sonrisa de ese eterno manantial de húmeda tinta que su pluma esparce como un perfume en el papel del puro lirismo, de aromas urbanos y rurales.

Por eso, es un honor para mí escribir estas humildes palabras que del corazón salen, y no del interés. Pues el afecto por conveniencia suele romper los aprecios y la camaradería. Porque la amistad y los momentos literarios y sensibilidades varias compartidas, son empresa por lo que vale la pena luchar. Y como esta es su obra y René, el protagonista, servidor se retira a tribuna para ver discretamente el paso de las hojas por vuestros ojos, mientras disfrutáis de la mermelada de sus pensamientos con la imaginación suave, serena y acompasada que a nadie dejará indiferente.

Sergio FARRAS

Barcelona, 22 de octubre del 2012

LA FINAL

El partido empezó con cinco minutos de retraso. Desde el principio se notó la diferencia; los capitalinos, más cancheros, tocando a ras de piso, cuidando el balón. Los nuestros, nerviosos; se les notaba la impericia, sobre todo en los primeros minutos. Pero de los quince *pa* delante, estuvieron, lo que se dice, *paraditos*. A fin de cuentas, mucha pelota en el medio campo y los primeros cuarenta y cinco terminaron con el marcador en blanco. Hasta ahí no era mal negocio.

Pero Briones estaba mudo, el pobre bufaba en lugar de respirar...

Por Diosito que no nos dimos cuenta. Todos pensamos que después habría tiempo *pa* explicarle, lápiz en mano y sacando cuentas en una servilleta, que el equipo igual subía a primera división...

Pero a los diez minutos del segundo tiempo vino el tiro libre... Un *faul* tonto, don René, usted no lo va creer. Un central que estaba adelantado, Zambrano, me parece, se vino por la punta derecha, casi sin peligro... Pero Ortiz, de puro nervioso, igual le metió leña; una patada clarita a dos metros del árbitro. Por suerte no le mostraron tarjeta, puro palabreo no más.

Vino el pitazo y Jaime Baeza —que no es el camión Baeza, porque ese es *estoper* y juega en Iberia—, le dio con borde externo, pie derecho, fuerte y combado, justo por encima de la barrera... Un tiro al ángulo, como puesto con la mano. Dejó parado a nuestro arquero; nada que decir, precioso gol.

A todos se nos vino la noche encima. Pero para Briones fue peor. Se dejó caer en el asiento, agarrándose el pecho con las manos. Nosotros nos miramos preocupados. Alguien sacó una botella de pisco, que había metido de contrabando, y se la dio. Parece que le hizo bien, porque se quedó tan callado como todos en el estadio, abrochándose el abrigo para capear el frío.

La pena no duró ni tres minutos, porque vino el gol de Casas, que también fue bonito, porque la agarró en el aire y le salió una emboquillada perfecta, que pilló mal parado al meta Cortés...

Briones bailó de gusto y compró sándwiches para todos. La botella de pisco ya se había acabado, pero uno de los muchachos convidó una de tinto, que pasó de boca en boca como celebración.

Sobre el alargue, cuando ya todo estaba oleado y sacramentado, y nosotros apagábamos las radios a pilas y recogíamos los gorros para irnos, vino un centro alto de Guarda, abriéndose un poco, y a nuestro portero se le ocurrió la tontera de salir a buscarlo; pero así es el fútbol, salió no más, y al saltar, chocó con un defensa, Sánchez, me parece, y la pelota quedó dando botes —todo el estadio mudo— para que Baeza la tocara suavecito y se fuera al fondo de la red.

Fue después de la silbatina y del alegato que se armó, no antes, como dicen otros, *pa* puro dárselas de advertidos, que vimos a Briones tirado en la gradería.

Por más que lo zarandeamos, no volvió en sí. Fue horrible, nadie en la barra atinaba a hacer nada, hasta la ambulancia demoró en llegar.

Bueno, ya estamos acá. Se hace larga la subida al camposanto, ¿no?

BARRIO BULLICIOSO

Diciembre es agitado, intenso, sin siquiera un respiro para almorzar. Y pasa el lunes y el martes y el miércoles. No sabes bien qué día es. Ni qué hora. Lo mismo pueden ser las tres de la tarde o las cinco de la madrugada. El trabajo es arduo. Te quemas los ojos frente al computador, haces proyecciones, calculas los precios. Te duele la cabeza. Andas como un zombi en medio de las planillas, los llamados telefónicos y los pedidos urgentes desde Japón. Sabes que el embarque no va a estar listo a tiempo, pero de todos modos respondes que sí. Te pesan los pies. Fumas otro cigarrillo para sentirte mejor. ¿Cuántos ya? ¿Veinte, cuarenta? Tres noches sin dormir. Te cuesta decir una palabra, como si la lengua te pesara, y tu voz es una retahíla incomprensible incluso para ti. Tu secretaria nota que estás pálido, te preguntas si estás enfermo y te ofrece —¡Dios mío, otra vez!— una taza de café. Entonces descubres que sí, que sientes un infierno en tu estómago, que la náusea trepa a tu garganta, que te duele la cabeza y que en tus ojos se eterniza el ardor.

Entras en la oficina del gerente, farfullas un «buenos días» apenas audible, y le entregas tus informes, como si fueras un robot. Un ligero mareo te nubla la mirada y sientes que tus ojos están llenos de lágrimas.

El gerente examina los papeles, subraya algunas cosas, anota unos guarismos y dice que está bien. Sin levantar la vista, contesta una llamada por la línea dos.

Notas que tus piernas están a punto de doblarse. Resistes. Puteas mentalmente. Sientes que odias al gerente, porque no te ofreció asiento y porque se entretiene respondiendo una llamada que te parece trivial. Puteas de nuevo, en completo silencio.

El gerente se despide. Cuelga el teléfono. De pronto recuerda que tú estás ahí. Te mira. Sonríe. Te dice que estás hecho un desastre, que has trabajado mucho, que te vayas a casa a dormir.

Te vas sin alegría, porque sabes que eso significa que, mañana, todo va a ser peor.

En casa, intentas oscurecer tu cuarto, porque, aunque no hayas dormido las últimas tres noches, sabes que a las diez de la mañana cuesta un mundo dormir. Te desnudas lenta, maquinalmente, casi como si fuera otra obligación. Sientes que es una bendición que te haya abandonado tu mujer; nadie va a pasar la aspiradora ni a lavar platos; es casi seguro que vas a dormir bien.

Los ojos se te empiezan a cerrar. Sientes que vas cayendo en una nube blanda y suave. Te dejas llevar. Tu mente comienza a fabricar las primeras fantasías de un buen sueño...

—¡Goool...!

Despiertas sobresaltado.

—No, huevón... ¿No viste que estaba *au sai*?

—¿Dónde la viste, oh…?

Tu cabeza palpita a punto de estallar. Tardas unos segundos en comprender.

Saltas de la cama. Abres la ventana e increpas a los entusiastas jugadores de no más de diez años. Te miran como si estuvieras loco. Los mandas a la mierda y amenazas con levantarte y requisar el balón. Esto parece suficiente, porque de inmediato deciden ir a jugar a otra esquina.

Satisfecho, vuelves a la cama. Pero no puedes dormir. La ira, definitivamente, es la mejor aliada del insomnio. Piensas que el lunes deberías renunciar. O pretextar una enfermedad incurable y jubilar. Después de todo, ¿desde cuándo sientes ese dolor de cabeza? Posiblemente se trata de un tumor. O es tan solo la falta de sueño... En tal caso... Sientes que el fuego de la chimenea relaja tus músculos, cansados de tanto caminar. Has pasado la tarde cazando perdices en el monte, con la ayuda de tus tres labradores, de modo que ahora no puede haber cosa más agradable que estar sentado en tu berger, con los ojos cerrados, sintiendo crepitar los leños, mientras sostienes en tu mano una copa de coñac.

—¡Radio Relocaví presenta: *Mensajes*! Un programa al mediodía, pensado para servir a los más apartados rincones del país...

«Mierda», piensas, mientras te levantas.

—Peulla: para don Francisco Almonacid, de su hijo Gabriel.

Decides que te importa un bledo lo que le pase en Peulla a una remota familia Almonacid, y golpeas con furia la pared. La casa es pareada y hasta los suspiros de los vecinos se escuchan en tu dormitorio. Piensas que deberías mudarte. Pero como al otro lado parecen comprender y apagan la radio, pospones los proyectos de mudanza y vuelves a dormir. O a intentar dormir. Porque de nuevo la jaqueca ha impuesto su dominio, y te arden los ojos, y sientes que estás a punto de vomitar. Pero el capitán te advierte que en invierno es peor, que entonces el cruce del golfo del Corcovado ya no es solo una epopeya para bravos marinos, sino que se vuelve un martirio, que muy pocos lo soportan, que sólo él y hombres como él son capaces de aguantarlo más de un par de veces. Y luego, como si no fuera nada, afirma que lleva muchos años navegando por esas aguas... Le respondes con una sonrisa de alivio, no tanto por sentirte en buenas manos, sino porque te das cuenta de que de pronto el barco se ha dejado de mover. El sol entibia suavemente tus mejillas y una brisa suave refresca tu frente. El cielo es intensamente azul. Te acomodas en un asiento, en la cubierta, dispuesto a disfrutar los paisajes de los canales del sur.

—¡Jureles! ¡Jureles...! ¡Tres en quinientos! ¡Jureles, fresquitos, jureles!

Despiertas sobresaltado. Tu corazón late a toda prisa. De nuevo sientes tu cabeza a punto de estallar. Te invade una ira incontrolable. Tu cuerpo está empapado de sudor.

Te asomas a la ventana y la luz de la una de la tarde hiere tus ojos.

—¡Jureles, fresquecitos, jureles! —vocifera, junto a una carreta de mano, un entusiasta vendedor.

Reprimiendo tu súbita cólera, tratando de controlarte, mostrándote amable, todo un caballero, abres la ventana y le pides que respete tu sueño, porque no has dormido en tres noches y mañana de nuevo tienes que trabajar.

—¿Y qué me dice a mí, *iñor*? ¿No ve que estoy trabajando? ¿O usted me va a pagar *lo* jureles acaso?

Intentas responder algo, pero no se te ocurre nada.

—¡Jureles! ¡Tres en quinientos los jureles!

Entonces te acuerdas del revólver, el treinta y ocho largo que le compraste a María Inés para que se sintiera segura cuando no volvías a dormir. Aún está en el velador. Fue una de las pocas cosas que no se llevó.

No lo piensas. Le muestras el revólver al vendedor callejero y, una vez más, le pides que se calle.

—Usted está loco… —se limita a decir el vendedor, mirándote seriamente, antes de continuar voceando su mercadería.

Disparas dos veces, con un estruendo que te parte la cabeza.

Pero después se instala un silencio dulce y prolongado, como el de ciertas iglesias vacías en las que ni siquiera se escucha el murmullo de las plegarias. Quizá sueñas con eso, pero lo cierto es que ya no despiertas, ni siquiera cuando llegan las ambulancias, con sus sirenas ululantes, ni cuando los carabineros comienzan a golpear imperiosamente tu puerta.

¿DÓNDE ANDARÁ LA CLEMENTINA?

«¿Dónde andará la Clementina?», se preguntaron los árboles del camino, el oleaje del trigo y la tierra partida, que se desmoronaba bajo los pasos de los campesinos.

El atardecer se vestía de brisas frescas y un alboroto de gallinas celebraba el trigo que les arrojaba doña Carmen. «¿Dónde andará la Clementina?», se preguntó, preocupada.

Imposible imaginarla en el Peatonal, o en Colo-Colo, o en O'Higgins, corriendo presurosa tras el micro a Hualpencillo, imposible imaginarla ahí, en medio de las vitrinas alcahuetas, los letreros luminosos y la sempiterna algazara de bocinas que pueblan la noche, imposible subir al microbús y comenzar el juego, el ritual imprescindible, ¿un cigarrillo?, antes del beso en la mejilla —preludio de otros besos— y la invitación a La Querencia, si se trata de cenar.

Don Romualdo tenía las manos partidas, como la tierra reseca de La Rinconada; en su rostro, el tiempo había labrado una infinidad de surcos que el cansancio acentuaba, como una muda protesta de dolor. Se sentó a la mesa y partió con los dedos una hogaza de pan:

—¿Y la Clementina? —preguntó.

—Ya viene, viejo —lo tranquilizó doña Carmen—. Me dijo que se iba a volver tarde —mintió.

Imposible imaginarla ahí, pero sí en el camino al fundo El Castillo, bajo el techo de los árboles que se besaban en la altura, con un rumor amoroso de brisa fresca, mientras caminaba, con su minifalda coqueta y su carita de niña, odiando el polvo que levantaban los camiones cargados de animales.

De noche, el Salto del Laja iluminado, como un blanco fantasma de espuma de la Twenty-Century-Fox; después, la oscuridad yerma a ciento veinte kilómetros por hora.

Luego vendrá Cabrero, y ya no habrá vuelta, las empresas madereras iluminadas de amarillo, mis hijas y Yolanda, en el pequeño nidito de avenida Roosevelt, dividendos mensuales y calefacción central.

Detuve la camioneta junto a ella y bajé el volumen de la radio:

—¡Hola! ¿Te llevo?

Me miró como si yo llegara de Marte o fuera la viva imagen de un pariente muerto.

—Vamos... Te prometo que no muerdo. —Con una sonrisa en los labios, penquista canchero, pervertido cabrón.

Y después: «¿Cambio la radio? Seguro que Phil Collins es muy viejo para ti», «no, déjalo, está bonito...», «ingeniero..., de la petrolera. ¿Y tú?». Y no tocarle ni siquiera un dedo, para que hubiera una segunda vez.

Don Romualdo sopló la sopa que humeaba en la cuchara, la probó —estaba buena— y se entretuvo apartando el cilantro que flotaba sobre el líquido grasoso, entre la amarilla soledad de una papa y la blanquecina danza del arroz. «¿Dónde andará la Clementina?», se preguntó en silencio, y por decir algo, comentó:

—¿Sabe que se fueron los ingenieros de la petrolera? El gringo estaba furioso, porque no hallaron *na*.

—Menos mal... Si no, capacito que hasta en la huerta habrían hecho hoyos. «¿Dónde andará la Clementina?», se preguntó en silencio doña Carmen, intentando ocultar su temor.

Una gota, otra gota... ¿Por qué me preguntaría tanto si me hice algo...? Tengo frío... Otra gota, otra gota...

Cómo no quererla, pequeñita flor capullo ardiente niñita consentida cuellito nervioso mujercita en celo caricia leve regazo tierno remanso cotidiano olvido de todo, cómo, de qué manera ir olvidando sus besos, a ciento treinta kilómetros por hora... Cómo, de qué manera, para no pensar que a lo mejor en una fiesta, abandonada en otros brazos, porque a los diecisiete años el amor es un sueño, un artilugio de colores, pirotecnia y carnaval... ¡Cresta! ¿Dónde...? ¿Dónde andará la Clementina?

Otra gota... Y otra más. ¿A qué hora se acabará el suero? Otra gota, otra gota... quizá donde irá Gabriel... Tan rápido que maneja... Tengo frío. ¿Por qué no me taparon más con este frío? Ya debe estar en Concepción... Mejor que no sepa nada... ¿A qué hora me traen algo *pa* taparme?... Ojalá que no venga el doctor Moraga con sus preguntitas... ¿Para qué me iba a hacer algo, digo yo, si lo que más quería era un hijo de Gabriel?

«¿Dónde andará la Clementina?», se preguntaron las siluetas de los árboles, las estrellas ateridas y los pasos de dos viejos en el camino.

AMOR FUGAZ

Claro que de todos modos pude irme de farra con los amigos, total plata tenía y huevos como el que más. Veinte años y recién pagado... ¿qué más se podía pedir?

Pero Manuel arrugó, dijo que tenía a la mamá enferma y no sé qué historias, total que del grupo nos quedamos tres, lo que al final no era tan malo, si no hubiera sido porque Javier, que era más viejo, digamos treinta o treinta y cinco años, salió con que ya no estaba para esos trotes, cosa que nosotros no pudimos discutir, pero que el marica del Mario aprovechó para correrse, diciendo «espérame, Javier, nos vamos juntos», porque vivían en el mismo barrio y allá lo esperaba su mujercita, que no lo dejaba echarse una cana al aire, ni aunque fuera fin de mes.

Así es que me quedé solo, con las manos en los bolsillos, parado en una esquina, sin saber qué hacer.

Por inercia, porque no había otra alternativa, caminé hacia la terminal de buses. Total, el fin de semana se había jodido de todos modos, y sólo restaba volver a mi casa, en el campo, resignarme a escuchar los remilgos de mi madre, y el domingo, salir temprano, a hacer leña con el viejo. Como si no bastara con la semana entera destripando pescado en la planta salmonera.

Pero en la terminal, la vi; en medio del gentío que iba y venía, del humo de los cigarrillos que trepaba azul hacia la altura, del barullo ininteligible de las conversaciones, la vi. Vendía caramelos, que llevaba en una bandeja de madera, mientras deambulaba entre la gente, al tiempo que yo me devanaba los sesos pensando si le compraría pastillas de menta antes de engrupirla, o si le entraría de lleno a la conversación.

Pero como siempre en estos casos, se fijó en mí la gordita que la acompañaba y no ella. Y bueno, cuando eso ocurre, lo mejor es retirarse, haciéndose el desentendido.

Pero sólo me moví unos pasos, lo suficiente como para salir de escena, sin perder de vista a la minita de los caramelos, que iba de aquí para allá, meneando su quequito, como quien no quiere la cosa, haciéndose la distraída, y uno también como que no quiere, fumándose una colilla, con una mano en el bolsillo y la mirada de soslayo, calculando cómo se sentirían esas curvas en mis manos.

Y claro, cuando uno se enrolla en pendejadas, al final se queda en puras pajas mentales, y la minita, si te he visto no me acuerdo, se esfuma de repente, y te deja con las ganas, y la gordita dando vueltas para hacerse notar. Total, que ni *pal* repechaje, preferible solo que mal acompañado, y menos todavía si uno anda sobrio, porque con unas chelas, otro gallo cantaría, pero así, sano y bueno, y aburrido, mejor ponerse en la cola para comprar pasaje, y pensar en otra cosa, porque uno no puede seguir soñando despierto en plena terminal de buses, con todo el sueldo en el bolsillo...

Lo bueno es que la cola avanzó rápido y ni me di cuenta cuando estuve sacando del bolsillo de mi casaca el fajo de billetes azules, disfrutando la cara de fastidio del tipo de la ventanilla, porque ya no tenía cambio para darme y tuvo que conseguirle al tipo de al lado, mientras yo esperaba haciéndome el desentendido y después contaba con toda parsimonia el vuelto que me dio.

Antes de subir al bus, decidí fumarme el último cigarrillo; después de todo, aún faltaban algunos minutos para la salida. Mientras fumaba, volví a escudriñar la terminal de buses: la muchacha de los caramelos parecía no haber existido jamás. Amargado, arrojé la colilla al suelo y la pisoteé. Me disponía a subir al bus, cuando escuché que alguien me hablaba.

Era ella.

No sé qué me preguntó ni qué le respondí. Pero entonces no importaba; lo importante era escucharla, lo importante era verla, así, tan cerquita, sonriendo y mirándome con sus dulces ojitos marrones.

Desde el bus, el auxiliar me hizo una seña imperiosa. Yo le hice un gesto despectivo, y el bus partió.

Ella, en cambio, me dedicó una sonrisa amplia, que parecía sacada de la televisión; era como si estuviera agradecida de que yo dejara ir el último bus.

Nos quedamos en el andén, hablando de cualquier cosa. Yo la miraba idiotizado, con un cigarrillo lento entre los dedos, balbuceando payasadas y chistes repetidos.

Ella celebraba mis ocurrencias con su risa clara, como si escuchara mis sandeces por primera vez.

El rumor de las máquinas se fue apagando. Pronto, no se escucharon más que murmullos y voces lejanas, y las luces de las boleterías se volvieron islas desiertas, en medio de pasillos sucios, antes de apagarse definitivamente, una a una.

De pronto, sin decirme nada, ella tomó mi mano. Mi corazón se volvió una estampida. Sentía la boca seca, y mi espalda, súbitamente, se pobló de sudor. Las palabras se me atragantaban y no lograban llegar a mi boca.

Ella me miró dulcemente y comenzó a caminar. Yo la seguí como hipnotizado.

Nos dirigimos hacia el mar. Llegamos cerca de los diques, en donde sólo se escuchaban las olas; parecía como si la ciudad hubiera desaparecido, y sólo, a ratos, se oían remotos bocinazos o algún motor que aceleraba. Buscábamos —más bien, ella buscaba— un lugar oscuro entre los matorrales.

Una vez a resguardo de miradas impertinentes, nos besamos con ansia, como si nos quisiéramos sorber el alma.

Lenta y solemnemente, un barco pesquero, pobremente iluminado, pasó tras nosotros; las voces de sus tripulantes se oyeron como si estuvieran a nuestro lado.

Aterrado, pensé que nos habían sorprendido los carabineros, que nos llevarían presos por ofensas graves a las buenas costumbres, conductas impropias en la vía pública y quién sabe qué más. Traté de pararme y salir corriendo. Pero, ella, suavemente, cogió mi rostro entre sus manos, me miró con una ternura infinita, y me obligó a besarla nuevamente. Poco a poco, mis manos, ásperas, duras, fueron tomando confianza y se atrevieron por encima de su blusa, acariciando sus pechos, mientras mi boca besaba cada centímetro de su cuello; entre mis piernas, sentía mi miembro acrecido por la tibieza de su cercanía.

Como una jineta experta, comenzó a frotar su pubis sobre mi miembro, cimbrándose, variando la presión a cada instante. A veces, se apretaba con fuerza, y otras veces, apenas me rozaba. Como aún estábamos vestidos, aquel era un juego exquisito, pero a la vez angustiante, ya que a cada momento debía retener el impulso de eyacular en mis calzoncillos. Cuando ya no aguanté más, me puse sobre ella e intenté, con torpeza, desabrochar su pantalón, mientras ella, a pesar de estar debajo de mí, continuaba cimbrándose; no podía aguantar más, y no lograba desvestirla... De pronto, un espasmo delicioso se apoderó de mi miembro, los ojos se me nublaron y me sentí tibio y mojado. Fue en ese momento cuando un golpe en mi nuca me dejó inconsciente, boca arriba, con una mancha grotesca en el pantalón, mirando las estrellas que se apretaban en el límpido cielo de junio, mientras ella se llevaba mi fajo de billetes y corría a abrazar al hombre que me había golpeado.

EL AÑO EN QUE FLORECIÓ LA QUILA

El gringo nos miraba a hurtadillas. Su rostro afilado se veía tenso, y era imposible no darse cuenta de que tenía miedo.

En ese momento, ninguno de nosotros podía imaginar la causa. Sin embargo, era evidente que de cuando en cuando espiaba —con una rápida mirada— los galpones, los cerros, los gallineros, las zanjas… pero sobre todo, las quilas.

Estaba inquieto y el menor ruido lo sobresaltaba. Mascullaba una retahíla incomprensible de imprecaciones germánicas, que caían como lava espesa en nuestros oídos. Insistía en comunicarse a donde fuera... «si es que se llegaba a *necesitag…*». Al oírlo, hacíamos gestos a sus espaldas, y le dedicábamos sonrisitas burlonas, no tanto porque hablara con esa lengua mutra de los alemanes de estas tierras, que a pesar de llevar décadas viviendo en Chile, no lograban suavizar, sino porque su empeño nos parecía desquiciado: ¿qué necesidad podía tener de instalar un equipo de radio tan potente? Tenía varios teléfonos celulares y un acceso privilegiado a la carretera ribereña, que en menos de media hora lo llevaba a la ciudad. ¿Qué le preocupaba tanto?

Pero, nosotros, lejos de entrar en esas elucubraciones, nos divertíamos a costa suya, intentando disimular.

Sin embargo, no faltó el que no se pudo contener, y ante los gestos de los otros, soltó una risotada. El gringo, lejos de enfadarse, nos miro con compasión…

—*Ugtedes* no se dan cuenta… *pego* yo *sabiendo* que este año viene mal… muy mal… Así que yo dije hay que *estag prepagados* no más.

Nos miramos con un gesto de extrañeza, pero igualmente asentimos, con una mueca que quería ser sonrisa. De todas formas, era él quien pagaba. Y pagaba bien.

Pero los equipos no funcionaron. No importaba dónde probáramos la antena, parecía que el bosque se tragaba la señal.

—*Pogqueguía* de equipos… *Segugamente* de Taiwán —murmuró el gringo sin ningún rencor—. ¿No traen de Alemania, *vegdad*?

Lo miramos sin saber qué decir.

—Tampoco *cedulagues*… *miga*, oye; *sigven* aquí *pego* no más allá, y si uno necesita… ¿de qué *sigven*, digo yo? ¿Y si a uno lo pillan en el monte, quién ayuda, ah?

El gringo no le hablaba a nadie en especial. Continuó con su retahíla por un rato, dibujando arabescos en el barro, con el trozo de coligüe que utilizaba a modo de bastón. Era un hombre espigado, enjuto, canoso, con el rostro apergaminado y surcado por esas grietas que hermanan a los campesinos de todas partes, pero con unos ojos celestes como joyas de cielo vivo que solo una muñeca de porcelana podría permitirse sin escándalo.

Finalmente nos miró con una expresión triste y resignada:

—*Ugtedes* sigan probando no más, *miga*, oye… Y cuando *egté* listo, me avisan no más.

Parecía sumido en la derrota. Súbitamente había comprendido lo inútil de su afán fiscalizador, de modo que continuamos probando la antena, algo más tranquilos, sin que sus ojos estuvieran fijos en nuestras manos. Pero nada parecía funcionar.

Al caer la tarde, nos sentíamos derrotados. Sólo Julio lo seguía intentando. Los demás, en cambio, fuimos de aquí para allá, tratando de disimular nuestro nerviosismo con lentos paseos junto a la arboleda: podíamos ver el lago de color cobalto, las verdes praderas que se encaramaban en los abruptos cerros, los galpones de tejuelas de alerce que el tiempo había vuelto gris, la primorosa cerca de madera pintada de blanco, los vivos colores de la casona y la fría silueta del volcán. Poco a poco, la tenue luz del crepúsculo invernal tiñó de rosa las nieves de su cumbre.

—Vengan a tomar once, dice don Alfredo...

No dejamos que la nana tuviera que repetirlo. Casi a la carrera, nos introdujimos en la cocina, donde nos esperaba una mesa campesina, rústica, cubierta con un mantel a cuadros, blancos y rojos; sobre ella, humeaban tazones de chocolate con leche, panecillos tibios, mantequilla casera, morcilla de cerdo y *strudel*. Supe entonces que tenía hambre.

Por un rato, disfrutamos de la tibieza de esa once campesina, hasta que alguien hizo el comentario de lo bien que se vivía en el campo.

—Antes... —replicó la *oma*—. *Pego* este año *floguecíó* la quila.

Don Alfredo explicó, en su jerigonza medio alemana, medio chilena, algo confuso acerca de la quila, de que cada vez que florecía, los ratones y las ratas se multiplicaban tanto que de pronto se escuchaban sus chillidos en los vados, en el monte y a menudo en todas partes. Era imposible dormir; se tenía la impresión de castillo asediado, pero sin muros, torres o almenas que pudieran defenderlos. Y este año había florecido.

Aunque lo peor había venido después: la quila se había secado y las ratas se habían quedado sin sustento; desde entonces vagaban por los campos, en ejércitos de millares, saqueando los graneros y las despensas. La hambruna era tal, que incluso atacaban a las gallinas y a los perros, hasta que, desesperadas, se entregaban al canibalismo.

Nos quedamos en silencio. Los muchachos se mantuvieron en sus sillas, cabizbajos, entibiando las manos con sus tazones de chocolate. Un sentimiento lúgubre se había apoderado de nosotros. Ignoro cuánto tiempo estuvimos así. Habríamos permanecido estáticos durante horas, de no ser porque Julio —que era un tipo obstinado como ninguno— entró en la cocina a tropezones, gritando entusiasmado:

—¡Resultó...!

Nos miramos aliviados. Aquello nos daba el pretexto para no pensar en ratas, instalar la antena y largarnos de una vez.

Sin embargo, don Alfredo dijo algo que nos intranquilizó:

—¡Gracias a Dios! Así, si las ratas vienen, al menos podremos *avisagle* a alguien...

La *oma* lloraba junto a la cocina a leña. La nana hizo un paquetito con pan caliente y nos lo dio.

—*Pa* que no les dé hambre en el viaje. ¿No ven que nadie terminó su chocolate?

Volvimos bromeando y riendo. La luna se reflejaba como un enorme disco luminoso sobre la oscuridad del lago, dibujando un sendero de escamas plateadas. Los muchachos, con un ánimo festivo, preferían desentenderse del paisaje nocturno. Mi ánimo, en cambio, era sombrío.

De pronto, la camioneta en que viajábamos comenzó a dar tumbos, como si cayera en un bache tras otro. Marcos, quien iba al volante, comenzó a dibujar eses en el camino. Nos miramos preocupados. Marcos estaba pálido y sudaba. Pensé que le había caído mal la morcilla casera que había comido desmesuradamente en casa del gringo:

—¿Te pasa algo? —le pregunté...

—¡El camino! —exclamó Marcos, y continuó manejando en zigzag.

Sobre el asfalto, bajo la luna fría, desfilaba un ejército de enormes ratas que bajaba desde los cerros hacia el camino, en columnas interminables. Marcos, conteniendo la náusea, intentaba esquivarlas.

Sin embargo, sentimos otro pequeño salto y luego otro y otro más...

—Es imposible... —dijo Marcos, y continuó atropellando roedores.

Las ventanas se salpicaron de sangre y se escucharon miles de chillidos agudos, tantos, que a ratos parecían uno solo.

Marcos, que apenas podía conducir, lo hacía cada vez más lento, cuidando de no perder el control del vehículo. A la derecha, el lago abría sus fauces enormes y oscuras, mientras que a la izquierda, los abruptos riscos impedían toda maniobra; cualquier decisión apresurada, cualquier prisa, cualquier arresto de desesperación, nos haría terminar en el lago, si es que antes no acabábamos destrozados en los roqueríos de la orilla. Todos sabíamos que, si eso ocurría, seríamos un festín para aquellas ratas hambrientas, estuviéramos muertos o no.

Tratamos de no pensar. Alguien quiso contar un chiste, pero lo olvidó en la mitad. Nos mirábamos inquietos… Casi podía oír los corazones de los demás, latiendo en tropel. Supuse que ellos también sentían lo mismo. De alguna manera, éramos un solo ser, aterrado, sintiendo que en nuestras gargantas se había instalado una sequedad amarga y pastosa… El pavor se había apoderado de nuestras miradas; los músculos de nuestras mandíbulas estaban tensos, adoloridos, y nuestras manos crispadas sentían cómo se clavaban en ellas nuestras propias uñas.

Seguíamos dando saltos, como si Marcos fuera conduciendo por tierra barbechada. Y sin embargo, aquello habría sido un sueño, comparado con lo que vivíamos: transitábamos sobre ratas, las reventábamos, pero cada vez eran más... Las ventanas ya estaban casi completamente ensangrentadas y era muy difícil seguir adelante.

Afuera, excitadas por la sangre, las ratas chillaban hasta la exasperación, corrían, se dejaban caer desde las rocas que flanqueaban el camino y rebotaban en el techo de la camioneta con un ruido atroz.

De pronto, los chillidos se hicieron más intensos. Asustados, miramos por los mínimos espacios de las ventanas que la sangre aún no había salpicado: las ratas se estaban comiendo entre sí. Al parecer, al principio las atrajo la sangre de las que habían muerto; pero ahora luchaban entre ellas, chillando y mostrando sus enormes dientes ensangrentados.

Creímos que entonces nos sería más fácil avanzar; pensamos que —como consecuencia de su lucha— su número debería disminuir.

Pero no fue así. Desde los cerros bajaron legiones de ratas hasta el camino. Los chillidos, que definitivamente se habían convertido en uno solo, enorme, penetrante y sin fin, casi nos impedían entender lo que decíamos.

Y desde las rocas seguían cayendo enormes ratas, con un ruido atronador de granizos gigantes.

Despavoridos, sentimos que las ratas, con furia febril, comenzaron a roer las gomas de las puertas y las ventanas de la camioneta.

—¡Acelera! —grité.

Pero ya era tarde. Sentimos el estampido de un neumático que reventaba, roído por miles de dientes asesinos. Nos miramos. Sudábamos helados. No nos atrevíamos a hablar. Escuchamos el reventón de otro neumático. Después otro. Luego, el último. Entonces, ya no fue posible avanzar.

AMOR ENARDECIDO

La vi en el ómnibus y aunque sabía no era el único asiento libre, me senté a su lado. La miré buscando una sonrisa; pero su mirada gélida se obstinaba en dirigirse hacia adelante o perderse en el vacío de la noche, más allá de la ventana. Me conformé con su reflejo en el cristal; después de todo, qué podría ver en esas calles de vitrinas vertiginosas y colegiales idiotas. Me di cuenta, entonces, de que a través del reflejo, sus pupilas se posaban disimuladamente en mí.

Había otro asiento libre, y si no deseara intensamente mi cercanía, pudo haberse cambiado.

De a poco, el ómnibus se fue llenado de gente. Cuando se alejó del centro, ya no cabía nadie. Para ambos, esa fue una circunstancia favorable, porque pude oler su pelo, limpio y sedoso; recuerdo que olía a manzanilla. Me aprovechaba de los que iban de pie, en especial de un hombre obeso y rubicundo, que insistía en apoyar su barriga en mi hombro, lo que inevitablemente —¿inevitablemente?— me empujaba hacia ella. Pero yo no me dejaba vencer, porque un movimiento brusco habría desatado una catástrofe de mujer aplastada, grito de dolor, perdone, señorita, no quise hacerlo, y el gordo con cara de asombrado. Así es que yo me apoyaba suavemente, como un escudo, casi como un príncipe de cuento que defiende a su dama, sintiendo el calor de su cuerpo, el aroma del sudor de la jornada, mezclado con su perfume, la complicidad de sus piernas adheridas a las mías... aprovechando la promiscuidad inevitable del ómnibus en hora punta.

Pero ella se mantenía en silencio; un silencio de otro mundo que sólo yo entendía: el decoro, los modales... y el gozo de enardecerme con cada sílaba no dicha, con cada mirada escamoteada, con su fingida indiferencia.

Había que seguirle el juego, hacerle sentir que era ella la que me sometía a través de su expresión inescrutable, su cuerpo inmóvil como piedra, y su mirada fría. A mí no me engañaba; yo sabía que vibraba de deseo, que una humedad incontenible se había instalado entre sus piernas y su corazón se agitaba ardiente bajo su corpiño. Se notaba en el rubor de sus mejillas y en las gotitas de sudor que empezaron a empapar su frente.

De pronto se paró de su asiento, «permiso», me dijo, y sentí en mis dedos el roce de sus medias. Era una señal, sin duda. La seguí por entre la gente apretujada en el pasillo; olía a sudor, los vidrios estaban empañados y el aire estaba tan caliente y emponzoñado que era inmundo respirar.

Apenas alcancé a bloquear la puerta que se cerraba tras ella.

Era una noche gélida, de esas noches estrelladas de junio que escarchan el aliento pero no el amor.

La seguí varias cuadras; el claveteo de sus pasos, cada vez más apresurados, mostraba claramente que estaba ansiosa por llegar a casa, abrir su puerta, invitarme a pasar y servirme un café. Pero no era prudente que caminara sola por esas calles oscuras, de manera que corrí hacia ella y la alcancé. Quise besarla, pero inexplicablemente comenzó a gritar. Le tapé la boca con una de mis manos, mientras con la otra la acerque hacía mí.

No lograré entender jamás por qué se resistía, por qué me mordió los dedos, por qué no dejaba de patear.

No supe cuánto tiempo mi mano apretó su rostro.

Poco a poco dejó de resistirse, y por un segundo tuve la esperanza, casi la certeza, de que iba a acariciar mi espalda, entregada; mientras, yo alejaría mi mano de su boca, acariciando suavemente su mejilla y su cabello. Entonces me querría, ella sí me querría…

Pero no se movió…

La dejé caer lentamente, para que no se hiciera daño.

Me llevé su cartera; no quería que nadie me culpara por nuestro enardecido amor.

EL PESO DE LOS DÍAS

1

—Hágame caso, don Rubelindo: tráigase a la señora Petra no más. Mire que en el hospital no entienden de esos males. Tráigasela y ahí mismito la llevo a la isla del Rey, donde una meica conocida mía. Entonces va a ver lo que le digo.

Una vela ilumina los rostros de ambos hombres, que beben, mientras la cera se derrite y cae, como un espeso llanto, abrazando el gollete de la botella polvorienta que le sirve de candelabro.

El más joven tiene los ojos claros y un bigote afilado, que mientras habla, le imprime a su rostro una inequívoca expresión de zorro. El mayor tiene el gesto triste y bebe en silencio un vino amargo, que es más amargo para él.

—Una vez, un compadre mío tuvo enferma a su mujer, y la curó él solo no más, sin llevarla *pal* pueblo. Fíjese que tenía unas tetas así de lindas —don Belarmino hace un gesto con las manos, a cierta distancia de su pecho—, y de repente una le empezó a crecer, tanto que daba miedo que se le *juera* a reventar... Tenía el cuero estirado y estaba llena de venitas azules...

Don Rubelindo vuelve a llenar los vasos con un vino áspero, que enciende lentamente un pequeño fuego en su garganta.

Afuera, la lluvia se desgrana a pedradas sobre los surcos húmedos que los hombres han abierto en el vientre de la tierra. El techo de fonolita comienza a llorar gruesas lágrimas lentas.

—Entonces, mi compadre rompió una botella de vino, *pa* tener con qué cortar. La agarró del gollete, que tenía unos filos así de grandes, y de un tajo le abrió el pecho a su mujer. Al principio, sangró harto; pero después, salió un tumor de pelo vivo...

2

Esa mañana caía una llovizna pertinaz, que aún no se convertía en el diluvio que más tarde cortaría los caminos y haría intransitables los senderos que bajaban de los cerros a la huella principal. Sobre la manta del patrón se dibujaban mil perlitas cristalinas, hijas de la garúa que le había oscurecido con su beso el sombrero alón.

—Buenos días, patrón… —saludó don Rubelindo.

Sus viejas ropas, raídas y embarradas, comenzaban a pegársele, como una babosa de hielo, a la piel.

—Buenos días, Rubelindo... —le respondió el patrón—. ¿Tiene petróleo el tractor?

—Sí, don Claudio... Patrón, yo...

—¿Qué le pasa, hombre?

El patrón sonreía, mientras fumaba un cigarrillo tan rubio como él. Don Rubelindo tardaba en responder.

—¿Qué quiere, pues? —se impacientó don Claudio.

Desde la puerta abierta de su camioneta, escapaban presurosas las notas de una canción.

—Que... Que si pudiera ir a ver a la Petra... —se atrevió don Rubelindo—. El jueves... Entonces, yo...

—Pero, hombre —lo interrumpió el patrón—. ¡Cómo se te ocurre que te voy a dejar...! ¡Acuérdate de que todavía tenemos que arar donde don Rogelio!

Pero no parecía molesto. Aspiró su cigarrillo y contempló el errático vuelo de un pájaro atrapado por el viento.

—Claro que tu caso es especial... —dijo de pronto—. Mira, ¿por qué no vas el viernes, cuando ya tengamos algo avanzado? Así yo aprovecho que tengo que alcanzar donde don Aladino Figueroa y te traigo de vuelta en camioneta...

Don Rubelindo sonrió agradecido.

Pero al llegar la noche del jueves, pareció que en el cielo se entablara una conflagración de arcángeles, que arrojaran a la tierra todo su titánico furor. El viento arrancó de cuajo algunos árboles y la lluvia cubrió de fango los senderos y desbordó los cauces de los arroyos.

Sin embargo, don Rubelindo emprendió camino al pueblo ese amanecer.

3

Al fondo de la habitación, tres niños duermen hacinados entre viejas sábanas, a las que el polvo y el barro han impuesto su color. Los hombres siguen bebiendo.

—*Despué* la fue curando con ceniza y telarañas y agüita de llantén... Una meica se lo había enseñado...

Don Rubelindo apura otro trago y siente que el cuerpo se le adormece poco a poco; primero su mandíbula, luego los brazos, y finalmente, todo su ser. Su cabeza se vuelve tan pesada, que tiene que apoyarla entre sus brazos, para seguir allí, bebiendo, ya casi sin pensar.

—Mejor que se traiga a doña Petra, don Rubelindo, porque *pa* mí que eso de la *lucemia* no lo arreglan los doctores... Ese es un mal que le echaron... Hágame caso...

Don Rubelindo no lo escucha. Su mirada se pierde en una distancia infinita, más allá de las siluetas que la luz amarilla de las velas dibuja en la pared.

—Por los chicos no se preocupe, don Rubelindo; nosotros se los cuidamos... *Pa* eso estamos los amigos... Se los dejamos a la Clarita y yo mismo lo llevo donde una meica... Hágame caso, don Rubelindo.

4

Don Rubelindo tuvo que caminar durante horas bajo el aguacero, por los senderos de barro de Tres Chiflones.

48

Más tarde, hediendo a humedad y sudor, viajó en el microbús rural que lo llevaría a Valdivia, contemplando, a través de los cristales sembrados de gotitas trémulas, una carretera de rostro agrietado por los años, interminables pinares que teñían los cerros y tristes lagunas cubiertas por los velos de la lluvia, que se poblaban de juncos y cisnes de cuello negro.

El micro se quejaba, desvencijado y sucio, avanzando lentamente hacia la ciudad. Don Rubelindo soportaba estoico las frecuentes detenciones, que aumentaban el hacinamiento y la desesperación.

Cuando por fin llegó a Valdivia, se sintió aturdido por el tráfago del mediodía: la gente iba y venía, presurosa, intentando tomar un microbús; la algazara de los motores y las bocinas de los autos, por momentos, silenciaban el ulular del viento; los semáforos guiñaban su código imperioso, y la telaraña de las calles, dando la espalda al río, subía entre casonas y letreros que se mecían chirriando lentamente.

Debió ir preguntando aquí y allá, pues no sabía por qué calles, entre los ignotos caseríos de madera y latón, debía dirigir sus húmedos pasos para llegar al hospital. Sentía en su rostro la bofetada de la lluvia, que rebotaba en el pavimento como metralla celestial.

Estaba impaciente. Las calles le parecían tortuosas, retorcidas y casi todas iguales. A ratos, creía que no iba a llegar jamás. Pero, de pronto, sin ningún aviso, al doblar en una esquina, se encontró con las sucias paredes amarillas del hospital; le pareció pequeño, casi insignificante comparado con los frondosos árboles que se alzaban junto a la entrada. Pero no le importó. Sabía que allí, a unos pocos metros, su mujer yacía enferma, en una sala miserable que solo adornaba un crucifijo.

Al entrar, sintió que el corazón se le iba a salir del pecho y que las piernas apenas lograban sostenerlo. Se sentía feliz y pensaba en las cosas que le diría a su mujer cuando la viera.

Sin embargo, la voz vinagre de una auxiliar de enfermería lo devolvió a la realidad.

—Las visitas son los jueves, señor... —le dijo la mujer—. Va a tener que volver la próxima semana...

5

La escampada del sábado duró muy poco; por la tarde, un nuevo aguacero desgarró las nubes negras, que se habían juntado sobre los cerros, vestidos de alerce y espeso matorral. El viento sacudió los árboles, y los charcos lodosos que se formaban entre los surcos comenzaron a llenarse de círculos concéntricos, que se multiplicaban y confundían, a medida que la lluvia se convertía en un vendaval.

Por la tarde, después de comer unos porotos fríos, don Rubelindo intentó una siesta nerviosa, interrumpida a cada instante por la metralla de la lluvia, mientras sus hijos escuchaban corridos mexicanos en una vieja radio a transistores. Fue entonces cuando escuchó aquel mensaje urgente, en el que le comunicaban que su esposa había muerto.

Don Rubelindo lloró en silencio y comenzó a beber. A las siete, cuando llegó don Belarmino, había jurado matar al gringo, mientras trasegaba tres botellas de alcohol; pero como empezaba a sentir aquella lasitud de los miembros, que más tarde se convertiría en sopor, había postergado inconscientemente su decisión. Don Belarmino, sin saber nada, se sentó a la mesa, para ayudarlo a soportar la soledad. Bebieron en silencio una botella de vino, y luego don Belarmino empezó a hablar:

—Hágame caso, don Rubelindo...

HISTORIA CON DOBLE FONDO

Pablo —que no se llamaba Pablo, pero hay que protegerlo, pobrecito— se tomó la última caña de vino y comenzó a pensar. Había que contar algo, y así lo hizo.

Su madre lo abrazó como si volviera de la muerte; tenía lágrimas en los ojos y lo encontró tan pálido que se apresuró a decirle:

—¡Siéntate a la mesa, chico, *pa* que te sirvas cazuela caliente, no te vayas a enfermar!

Su padre, un viejecito enclenque y aquejado del reuma, que apenas despuntaba el alba comenzaba a beber, se puso a llorar como un chiquillo, moqueando que daba pena, sacudido por intensos espasmos, a los que nadie prestó la menor atención. Siempre era así. Cualquier noticia lo hacía llorar. Quizás era la vejez, o el trago...; pero no importaba. Se le pasaría más tarde. Había que dejarlo así, sollozando, hecho un ovillo en la banca en que se sentaba junto a la cocina a leña.

Afuera, caía una lluvia muy fina, lenta e interminable, que había hecho desaparecer el bosque tras sus velos grises y tornaba borrosos los cercos de púas y los galpones cercanos.

Pablo —que no se llamaba Pablo, pero en fin...— comenzó a contar lo que le había ocurrido cuatro días atrás.

Era una mañana luminosa, con un cielo celeste, sin nubes, y un tímido sol de invierno, que se las arreglaba para dar un calorcillo acogedor. El patrón le había pagado su salario y lo había llevado en automóvil hasta la terminal de buses. Lo dejó a una cuadra de ahí, encargándole unos repuestos para la maquinaria.

—¿No te irás a perder?... —le dijo.

Él sonrió, despectivo; recibió el paquete, envuelto en diarios, y estrechándole la mano, se despidió del patrón.

En las calles, una multitud variopinta vociferaba mercancías, caminaba de prisa o simplemente holgazaneaba, yendo de aquí para allá. Los microbuses aceleraban en absurdas carreras. Los semáforos se desesperaban guiñando sus luces de colores, sin que el gentío les prestara la más mínima atención.

Pablo —insisto en que no se llamaba Pablo— caminó distraídamente rumbo a la terminal de buses, indiferente a las viejas mujeres, envueltas en frazadas y abrigos de un color indefinible, que en cuclillas, junto a sus canastos, ofrecían a la venta olorosos milcaos; tampoco le importaban los infaltables ebrios matinales, que orinaban a la vista y paciencia de todos, junto a un barco de piedra, que en medio de una plazoleta insignificante, intentaba ser homenaje a la leyenda chilota, pero que en la práctica solo servía de urinario o hediondo dormitorio de beodos perdidos. Quizá no miraba ni el mar, límpido, azul y calmo, que se extendía unos metros más allá... Su mente se entretenía contemplando las caderas de alguna muchacha, que hacía las compras en el supermercado de la esquina o se apresuraba tras un taxi colectivo para ir a trabajar.

De pronto, sintió unos irresistibles deseos de fumar. Buscó, con ese reflejo condicionado que había adquirido en años de incesante vicio, la cajetilla de cigarrillos que solía haber en el bolsillo interior de su abrigo. Pero sus dedos acariciaron el forro del bolsillo inútilmente; recordó que se le habían acabado el día anterior. Entonces, recorrió con la mirada los pequeños boliches de los alrededores. Como a muchos campesinos, los supermercados lo hacían sentirse abrumado. De modo que debió desviarse de su camino, para entrar a un minúsculo almacén que vendía desde agujas hasta abarrotes y desde caramelos de menta hasta píldoras para la jaqueca. El local, a pesar de su aspecto insignificante y de ser muy temprano, se encontraba lleno de clientes. Fue necesario que se abriera paso a codazos y empujones para acercarse al mostrador. Ordenó un viceroy y pagó con un billete de diez mil.

—No tengo sencillo... —se disculpó.

La mujer que lo atendía hizo una mueca demasiado agria para ser sonrisa.

Pablo —que no se llamaba Pablo...— tomó el vuelto que ella puso, de mala gana, en el mesón. Lo contó, con toda calma, sin disimular que su demora se trataba de una pequeña revancha, y luego, estirando uno a uno los billetes, los puso en el fajo que contenía el resto de su sueldo.

—Recién pagado, el hombre... —comentó la mujer, con voz más relajada, casi amistosa y por supuesto, cordial, al ver que él no era un pobre diablo sino un agradable señor.

Pablo sonrió. Guardó el fajo de billetes, mirándola con picardía, y salió del almacén.

La terminal de buses estaba al frente y sólo tenía que cruzar la calle, tomar un mini bus y regresar a su hogar. Pero apenas traspuso el umbral de la puerta y pisó la acera, dos hombres lo tomaron fuertemente por los brazos y uno lo encañonó con un revólver calibre veintidós.

Pablo —que no se llamaba Pablo, pero en ese momento no importaba su nombre— comenzó a temblar, sudaba, su corazón latía a prisa, sentía la boca seca y no comprendía —aunque casi no lo pensaba— cómo toda esa gente, los que caminaban raudamente o los vendedores ambulantes, impasibles frente a él, no parecían darse cuenta de lo que pasaba.

No se movió. No gritó. Tampoco peleó, como había supuesto que lo haría, si algún día se veía enfrentado a un trance así. En cambio, se mantuvo en silencio, rígido, como si fuera una estatua de hielo. Pero no porque pensara que era lo mejor, que así lograba mantener su vida —que al fin y al cabo era lo más importante—, sino porque el miedo, el atávico miedo que despierta a quienes sueñan justo antes de caer a un precipicio, lo había paralizado.

Por un momento, pensó que era su fin. Pero los dos hombres lo despojaron rápidamente de su dinero y desaparecieron entre la multitud, mucho antes de que él se atreviera a moverse.

Cuando finalmente logró reaccionar, comprobó que no se había orinado, como había supuesto equivocadamente, y que los asaltantes le habían robado todo su dinero, incluyendo las monedas de menor valor. Sin embargo —ignoraba por qué—, no se habían llevado el paquete de repuestos que le encargó el patrón; tampoco le quitaron su reloj ni su abrigo. De algún oscuro modo, se sintió afortunado.

Sin embargo, ya no podía pagar el pasaje para volver a casa. Debía pensar en algo.

«¿Qué hacer?», se preguntaba, desesperado.

De pronto, entre el gentío pululante y los vendedores de ocasión, vio a un carabinero que hacía la vista gorda frente al comercio ambulante, y caminaba despacio, pensando, como si lo preocuparan asuntos más trascendentales...

Pablo —que no se llamaba Pablo, pero era imprescindible el anonimato— pensó que, desde la esquina, seguramente había contemplado el asalto. Se acercó a él, con el objeto de formalizar su denuncia.

—Eso te pasa por pajarón —le dijo el carabinero, y continuó su camino.

Pablo —insisto en su anonimato—, desanimado ante la perspectiva de caminar los setenta kilómetros que lo separaban de su hogar, comenzó a mendigar, contándole su historia a los transeúntes; tenía la esperanza de lograr, aunque fuera peso a peso, la cantidad suficiente para pagar su pasaje. Pero la mayoría de las personas que pasaban ni siquiera lo escuchó —la gente de la ciudad está cansada de los mendigos y su incredulidad llega a extremos crueles—. Volvió a intentarlo durante la tarde; pero el resultado fue el mismo.

Al anochecer, le dolían los pies como nunca antes le habían dolido, a pesar de que él estaba acostumbrado a caminar, y no había conseguido ni una sola moneda con la cual llamar por teléfono a su hermana, que vivía en la ciudad, quizás ahí, en esa casa iluminada que estaba frente a él, o a la vuelta de la esquina, o varias cuadras más allá, por esas calles ignotas, laberínticas, que trepaban serpenteando por los cerros. Podía ser en cualquier casa. Pero, ¿adónde?

Pablo —¿mencioné que no se llamaba Pablo?— se resignó a dormir en el portal de una casa, que le pareció lo suficientemente protegido del viento. Sin embargo, apenas durmió. El frío le obligaba a levantarse a caminar «*pa sacar calor*». Y cuando volvía a acostarse, haciéndose un ovillo, sobre el frío cemento de la calle, el sueño lo había abandonado por completo y los temores hacían presa de sus pensamientos. Si escuchaba el ulular de una sirena a lo lejos, temía que los carabineros vinieran a buscarlo y lo detuvieran por vagancia; si un transeúnte trasnochado asomaba como una silueta esperpéntica al final de la calle, Pablo —no-Pablo— se sobresaltaba, temiendo que fuera alguno de los asaltantes, que había vuelto por él, para robarle el abrigo y el reloj, que antes había olvidado. Pero sus pasos se alejaban, resonando, como un escándalo inadmisible, en el silencio de la noche.

La madrugada lo sorprendió caminando, pálido, con los labios amoratados y las manos en los bolsillos, en un desesperado intento por combatir el frío.

Cuando el sol comenzó a entibiar las calles con su tímido brillo invernal y el blanco manto de la escarcha se convirtió en la infinidad de gotitas que brillaban sobre el verde césped de los descuidados jardines de la costanera, Pablo —que no se llamaba Pablo— pudo dejar de pensar en cómo soportar el frío, y de inmediato, sintió que el hambre le mordía las entrañas.

Imposible mendigar una fruta; imposible robar... Sólo le quedaba caminar hasta su hogar. Pero había dormido tan mal, estaba tan cansado, que decidió tratar de encontrar a su hermana. Sabía que era casi imposible, algo así como ganarse el loto, un loto grande, con pozo acumulado de varias semanas, y más encima ganarlo solito, único ganador... habiendo apostado sólo dos monedas. Si tan sólo hubiera sabido la calle o el barrio donde vivía, o el nombre del restorán donde trabajaba… Pero no tenía ni siquiera esa mínima apuesta.

«Tendrá que comprar sus cosas en alguna parte», pensaba, y mediante este razonamiento se fabricó una esperanza. Y montó guardia empecinadamente frente a los supermercados. Y frente a los bancos. Y frente a las farmacias. Y a las panaderías. Hasta que se dio cuenta de que era en vano, porque bien podía ocurrir que ella estuviera en una frutería en el preciso instante en que él vigilaba la puerta del correo. Puteó mentalmente. Aquella búsqueda insensata solo había servido para aumentar el hambre que sentía, fatigar aún más sus miembros y lograr que el sueño nuevamente hiciera presa de él.

Casi como un zombi, recorrió la costanera, sin ver el mar, de un intenso azul, que se perdía entre las islas y los cerros, que pintaban de verde el horizonte. Miraba, en cambio, los matorrales, los arbustos, los secretos resquicios en los olvidados jardines.

No le costó mucho encontrar un lugar donde dormir. Después de todo, no necesitaba ser una guarida clandestina; si alguien lo divisaba, en medio de las ramas y las sombras del arbusto, no le daría la menor importancia. Lo básico, en cambio, era que no pudieran verlo los carabineros... ni los asaltantes.

No supo si fue el frío o el ruido de sus tripas lo que lo despertó. Contempló las oscuras fauces del mar, en las que se aventuraban, como una romería de luciérnagas, los botes de los pescadores.

Entonces supo que debía emprender la marcha.

No podía posponer más la decisión; el hambre, el frío y mal dormir le habían impuesto una jaqueca insoportable, de modo que no quedaban dudas acerca de qué debía hacer.

Caminó. Subió por las empinadas calles del puerto, con el alma en un hilo. Cada silueta en una esquina, cada ruido imprevisto, le hacía temer que los asaltantes hubieran decidido regresar.

Siguió caminando.

Dejó atrás los letreros luminosos de un servicentro, las bocinas, las frenadas urgentes y el ruido de los motores que se disputaban las calles. Más tarde, quedaron atrás las luces de una discoteca. Pablo se entretuvo contemplándolas por un momento. Parecían reflectores oteando los cerros, como los que había visto en Coyhaique, durante su servicio militar, pero también se asemejaban a los rayos láser de alguna ignota colonia extraterrestre, igual a las que había visto en programas de televisión.

Continuó caminando. Al frente, solo se veía la oscura presencia de la noche, pero al final, muy lejos, más allá de las serpientes luminosas de los autos, que de pronto llenaban la carretera, se encontraba su hogar.

Siguió caminando, y no se detuvo ni cuando el cansancio y el hambre le debilitaron las piernas y la vista se le tornó un caleidoscopio de puntos borrosos. Solo cuando el alba dejó de ser una fría y pálida insinuación de formas y comenzó a dibujar nítidamente los verdes lomajes de Colehual, se sentó a descansar.

Estaba a punto de quedarse dormido, así, sentado en una piedra a la orilla del camino, cuando divisó a lo lejos una figura que se acercaba en bicicleta por la carretera.

El ciclista le pareció conocido. Sin embargo, lo estuvo mirando largo rato antes de reconocer quién era. Entonces, la alegría estuvo a punto de hacerlo llorar. Pero se contuvo. Aún no estaba seguro. Lo observó cuidadosamente, y sólo cuando estuvo muy cerca supo que, después de todo, la Providencia no deseaba encarnizarse con él. Se trataba de Andrés Leal. Habían hecho juntos el servicio militar y seguramente lo recordaría.

No se equivocó. Apenas se puso de pie para saludarlo, Leal bajó de la bicicleta y lo abrazó.

No necesitó contarle su historia; sin que pudiera decir nada, Leal lo llevó a su casa para desayunar. Fueron los huevos revueltos más sabrosos que había probado jamás. Luego vinieron los recuerdos, las anécdotas, las carcajadas y las cañas de chicha, que podrían haberse prolongado indefinidamente, pero que fue necesario abreviar, para no preocupar más a sus padres, ya ancianos:

—La mamá, que parece *qu'está* enferma *el* corazón, tú *sabís*... Y el viejo que se da al trago *pa* pasar la pena; mejor irse temprano; no les vaya a pasar algo, digo yo...

Entonces, volvió al camino para esperar un mini bus. Pagó el pasaje con el dinero que le prestó Andrés —al final, fue inevitable contarle la historia, como inevitables las carcajadas, otra caña de chicha, salud...— y media hora después llegó a la casa de sus padres, pensando en que debía contarles algo.

Sintió que su madre lo abrazaba, como si volviera de la muerte, y que su padre, un viejecito enclenque y aquejado de reuma, que apenas despuntaba el alba comenzaba a beber, se puso a llorar, como un chiquillo, moqueando que daba pena y sacudido por frecuentes espasmos.

Pablo —que no se llamaba Pablo, pero a quien ahora, sobre todo ahora, había que proteger— comenzó a contar y contar, agregando detalles, perfeccionando los arcanos matices del miedo, la amargura y el dolor, dándole forma a lo contado, amasándolo como se amasa el pan, repitiéndolo a los amigos, a los parientes, al cura, a cada uno de los que se encontraba en la chacra, en el puente, en los caminos de tierra, en las ventas de chicha, en la mesa familiar, contándolo, cada vez mejor, para no partirle el alma a los viejos, condenados a un mes de privaciones, por no contar con el dinero que él se había gastado en las putas del puerto y en el vino rancio que le ayudó a inventar la historia de Pablo, que no se llamaba Pablo, pero cuyo nombre prefiero olvidar.

EL CIRCO

Daniel iba en bicicleta, pedaleando alegremente por el camino que conducía al pueblo. Lucía una camisa vaquera, una chompa azul y una manta, demasiado corta, que había sido de su hijo cuando estaban de moda.

Estaba recién pagado, y sabía que, descontado el quintal de harina y algunos víveres, alcanzaba para una entrada al circo e invitar a la china de las acrobacias a La Cabañita.

Además, el día era espléndido, con una atmósfera tan diáfana, que desde los cerros se alcanzaban a ver los volcanes nevados. La lluvia de los días previos impedía que los camiones madereros levantaran el polvo infernal de los veranos, de modo que tampoco debía preocuparse de que se le estropeara la facha.

Sólo una cosa le preocupaba: que la china de las acrobacias no se acordara de él. Después de todo, el circo había venido a Fresia hacía un año.

Recordaba, entusiasmado, que mientras ella daba vueltas por la pista, haciendo piruetas en su bicicleta, él la había aplaudido ruidosamente para hacerse notar. En una de esas vueltas, Daniel tuvo la certeza de que ella lo había mirado; la siguiente vez que pasó frente a él, le guiñó un ojo, y ella sonrió.

Se sintió dichoso, seguro, y se imaginó la consumación de su conquista, con tanto detalle, que ya no prestó atención al mago de pacotilla que sacaba conejos hasta de los guantes, ni a los chillones payasos que, a fuerza de tropezones y sonoras cachetadas, hacían delirar de la risa al respetable público.

Cuando despertó de su ensoñación, la gente se retiraba, conversando alegremente, mientras comían sus últimas palomitas de maíz.

Salió de la carpa como un sonámbulo, con la vaga idea de encontrarla.

—¿*Pa ónde* va, mi amigo...? —le preguntó un vejete torvo que le recordó vagamente a uno de los payasos.

Quiso explicar que era un admirador de... ¿cómo se llamaba?... La señorita de la bicicleta...

—¿Yanet?...

—Sí, de la señorita Yanet.

Se sentía tonto, como un adolescente enamorado sorprendido por el padre de su amada...

Pero, ¿y si no era el padre…? Su corazón latió muy aprisa.

El hombre se rio con unas carcajadas rotundas y claras que en nada se parecían a los chillidos del payaso. Daniel se sintió desconcertado y se quedó quieto, sin saber qué hacer.

—Puchas... Mala suerte, pues, mi amigo. Hoy no se puede ver a los artistas. ¿No ve que esta era la última función?

Daniel lo miraba, inmóvil. La noche oscura, sin luna, le impedía ver qué era ese ruido, ese trajín constante, un poco más allá.

—Nos estamos yendo, hombre... Hoy la Yanet no tiene tiempo para pololear... —La cara del viejo se llenó de picardía—: Va a tener que esperar al otro año, pues...

Y él había esperado.

Pero ahora, a medida que pedaleaba cuesta abajo hacia el pueblo, se sentía más tenso, más inseguro... ¿Se acordaría de él? ¿Cuántos pueblos habría conocido?... ¿Cuántos le habrían guiñado el ojo?... ¿Y cuántos la habrían buscado antes de la última función? No se hacía falsas ilusiones. A Daniel no le gustaba engañarse; estaba seguro de que ella no había pensado en él, porque la verdad es que él tampoco había pensado en ella en todo el año. Pero cuando le contaron que había llegado el circo, de inmediato recordó su sonrisa de complicidad, se bañó en las frías aguas del estero, se puso su mejor ropa y le pidió prestada la bicicleta nueva a su hijo mayor. Quería estar al mismo nivel de la artista.

Cuando entró al pueblo, las dudas estuvieron a punto de hacerlo regresar. Entonces, decidió ir a un bar, a servirse un par de vasos de vino, para agarrar valor. Al fin y al cabo, todavía era temprano.

*

Juan Diablo tenía el pelo enmarañado y la barba larga e hirsuta; sus ojos saltones e inyectados, de tanta noche en vela, le daban a su rostro el inequívoco aspecto de un gnomo. Contaba historias increíbles de navegaciones de emergencia entre las copas de los árboles, durante las crecidas del río Llico, y de domas imposibles de potros encabritados, a una edad en la que recién había dejado el biberón. Estos relatos, repetidos por todos, aquí y allá, acrecidos por el miedo, la picardía y la admiración, sumados a la certeza de su martirio, la enfermedad casi sobrenatural del insomnio, que lo hacía deambular por las noches como un ser de ultratumba, le habían valido el apodo de *Diablo*.

Vio que Daniel estaba solo, bebiendo una caña de vino, y se acercó a él, alardeando una historia imposible para hacerle reír.

Estaba alegre el *Diablo*, recién pagado, como todos, pero sin mujer ni planes de conquista, y por lo tanto, con todo el dinero para derrochar. Sólo le faltaba quién lo acompañara y Daniel estaba solo, dispuesto a oír historias para relajar los nervios, así que lo invitó.

—Dos cañas, por favor.

Cuatro.

Seis.

Las botellas fueron llenando la mesa y las historias se convirtieron en un largo silencio de ojos vidriosos, contado entre dos.

*

Cuando se acordó del circo, la función había comenzado hacía rato. Era difícil maniobrar la bicicleta con tanto vino en el cuerpo, pero aun así trató de darle prisa al pedalear.

¿Y Juan Diablo? Ya no se acordaba de él; lo había dejado orinando contra un cerco de tablas, poco después de salir del bar.

La tarde se había puesto triste. Una capa de nubes perezosas, grises y oscuras, tornaban sombrías las calles del pueblo; el aire era más frío; el tiempo parecía detenido.

Pero Daniel iba más rápido, sintiendo que la frescura de la brisa despejaba su mente.

Cuando llegó a la carpa del circo, se sintió el hombre más afortunado del mundo, más que aquel que había ganado la lotería, con un boleto que le reportó una buena mano en los naipes; y más que aquel otro, que encontró un tesoro de doblones de oro enterrado en el patio de su casa. Más afortunado, sin duda, porque al bajar de la bicicleta se encontró de frente con los ojos de almendra de *su china*, quien le sonrió.

«Todavía se acuerda», pensó, y sintió que se le espantaba un poco más la curadera; pero no tanto como para no estar más locuaz que de costumbre, más simpático y un poquito más audaz.

—¿Cómo está, *m'hija*...? ¿Todavía me recuerda?

Todavía se acordaba o decía que se acordaba... Pero no importaba mucho si mentía. Las frases a medias y las miradas iban tejiendo una telaraña de promesas tácitas, que de a poco lo fueron poniendo en un estado de ensoñación.

Sin embargo, aquello duró poco. Desde la carpa, una voz vinagre espetó:

—¡Ya, puh, Yanet!... ¿No *vis* que te toca?

La muchacha no alcanzó a despedirse. Trepó en su ornamentada bicicleta de acrobacias y entró en la carpa.

Él la siguió.

Y como si fuera un paseo dominical, Daniel saludaba al respetable público, maniobrando con una sola mano la bicicleta de su hijo, mientras seguía a su amada, dando vueltas a la pista de aserrín.

La muchacha estaba enfurecida, pero el público reía a carcajadas.

Y cuando el grotesco Romeo, de tanto dar vueltas a la pista, terminó por estar tan mareado como al principio, tanto que a final cayó de bruces, el público aplaudía comentando que aquel había sido el mejor acto cómico que habían visto jamás.

Nadie advirtió, por cierto, que entre la fanfarria desafinada con que la banda del circo dio por finalizado el disparate, dos fornidos ayudantes lo sacaron de la pista.

No vio la actuación de Yanet, pero los aplausos que coronaron su acto consiguieron despertarlo. Para entonces, el calor de la muchedumbre congregada en tan estrecho lugar había renovado por completo su borrachera.

Borrosos, como en una fotografía desenfocada, vio a los payasos conversando en el centro de la pista. Sus voces estridentes le taladraban los oídos, pero hacían estallar en carcajadas a las siluetas del público, que parecía girar, al frente, a la derecha, atrás...

De pronto escuchó una sonora cachetada. El payaso más pequeño cayó... Cuando se levantó, de sus ojos brotaron verdaderos surtidores de lágrimas. La gente reía hasta el espasmo.

Daniel no rio.

Sólo él parecía advertir la desproporción.

El payaso pequeño no medía más de un metro y cuarenta. Era delgado, quizá ni siquiera pesaba. El payaso grande, en cambio, era enorme, un gigante panzón y de mal genio, que tras cada frase del pequeño le dejaba caer a este una cachetada.

Y el público no cesaba de reír.

Como vestían igual, daba la impresión de que la gente creía que en verdad eran iguales, que no había diferencia

Y otra frase.

Y otra cachetada.

Y las risas del público.

Una y otra vez, el payaso grande le pegaba al chico.

Daniel no soportó la situación. Saltó a la pista, arrojó su manta al suelo y comenzó a propinarle generosos golpes al payaso grande, mientras le gritaba:

—¿Por qué no te *metís* con uno de tu porte?

El público aullaba de gozo; los hombres se doblaban por el espasmo de las carcajadas, se apretaban el estómago con las manos, lloraban de risa; las mujeres se orinaban de tanto reír; los niños saltaban de júbilo en los asientos...

Los músicos de la banda, que se habían quedado mudos de la sorpresa, comenzaron a tocar una fanfarria, para que los mocetones pudieran sacar a patadas al justiciero, mientras alguien llamaba a los carabineros.

*

Cuando despertó hacía frío y no sabía dónde estaba. Le dolía la cabeza y la sed lo atormentaba casi tanto como las náuseas. Miró por una estrecha ventana. Era de noche, las nubes habían desaparecido y el cielo estaba tachonado de estrellas... Se dio cuenta de que estaba en un calabozo. «¿A qué hora me largarán los pacos?», pensó. Seguramente estaba helando. Había perdido la manta y quizá también la bicicleta, y eran seis kilómetros hasta su casa...

—Se despertó el amigo... —dijo, sonriendo, un carabinero.

—Se mandó el mejor circo de todos estos años —afirmó el cabo.

De inmediato, lo dejaron ir. Le entregaron la manta y la bicicleta, y no le cobraron multa. Al salir, le palmearon la espalda y, mientras se alejaba, Daniel escuchó que comenzaban a reír.